AF480175

TAMAR KARSAVINA

IL A ÉTÉ TIRÉ DE CET OUVRAGE :
512 EXEMPLAIRES, · DONT 12 SUR
PAPIER DU JAPON PROVENANT DES
MANUFACTURES DE SHIDZUOKA
ET 500 SUR PAPIER VÉLIN D'ARCHES

First published in 1914

This edition published in 2020 by

The Noverre Press
Southwold House
Isington Road
Binsted
Hampshire
GU34 4PH

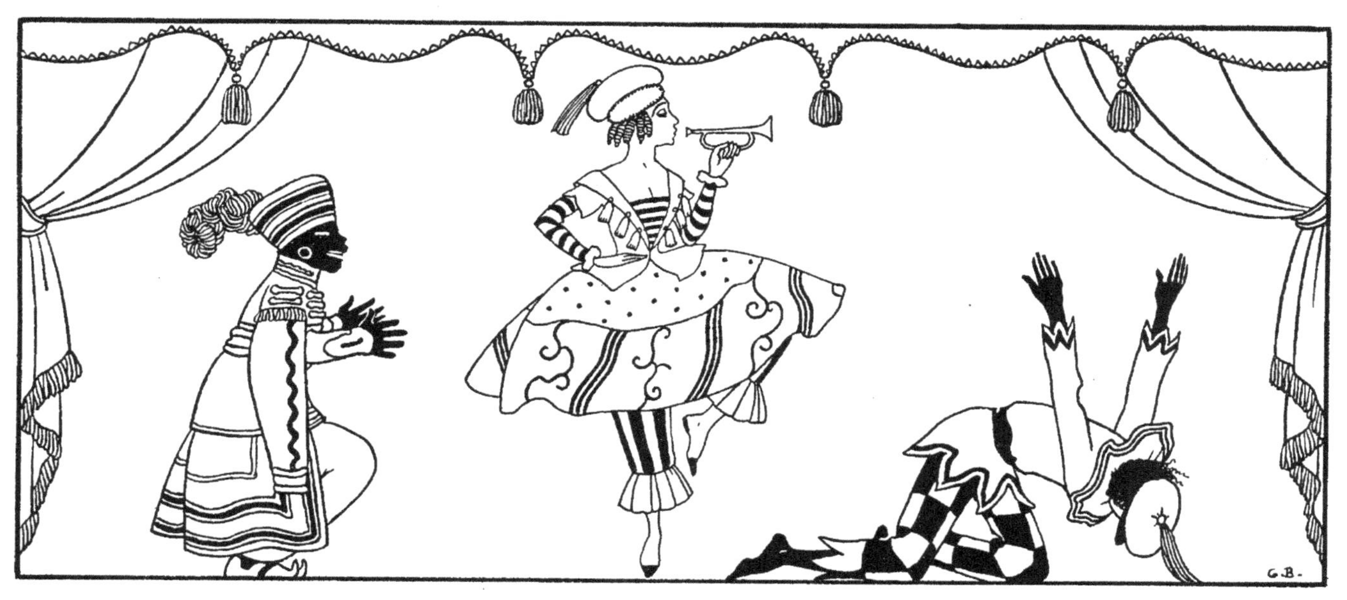

ALBUM DÉDIÉ A
TAMAR KARSAVINA

PAR

GEORGE BARBIER

ET

JEAN-LOUIS VAUDOYER

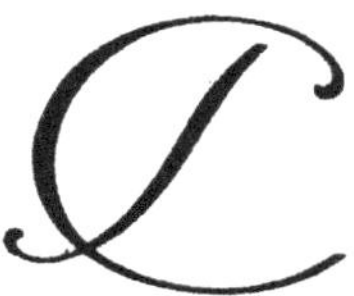

COLLECTIONS PIERRE CORRARD

PARIS

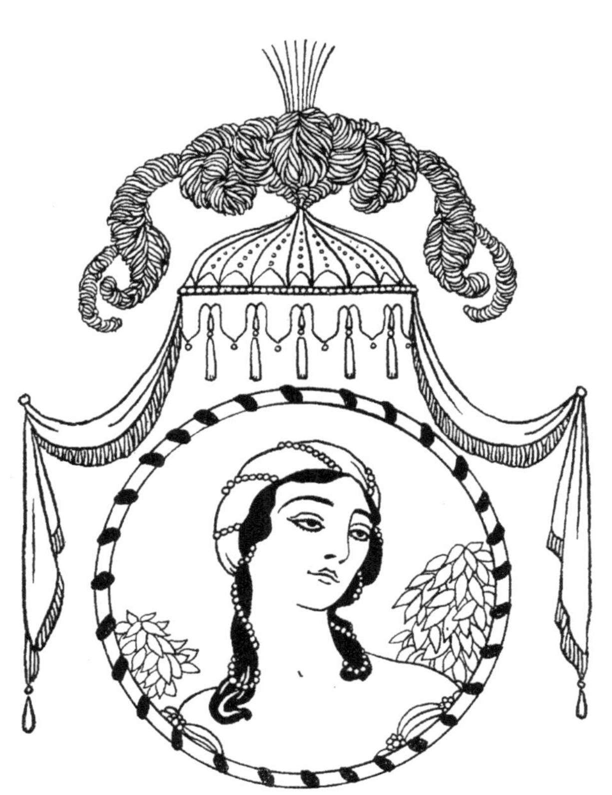

*N*OUS sommes imprudents : par l'encre et la couleur
    Nous voulons célébrer ici, de page en page,
L'être qui peut le moins revivre par l'image
Et qui nargue le vers le plus ensorceleur.

Vous qui vous souvenez avec l'œil et le cœur
De cet Oiseau de Feu *frémissant et sauvage,*
De cette tendre Echo *pleurant sur le rivage*
Où Narcisse *amoureux est son propre vainqueur ;*

Vous qui voyez encore Armide *et* Colombine,
La Sylphide *alanguie, et* Thamar, *qui combine*
Dans son palais sanglant l'amour et le forfait ;

Nous vous prions, pour nous donner de l'assurance
Pendant que nous traçons ce multiple portrait,
D'avoir peu de mémoire et beaucoup d'indulgence.

Dans CLÉOPATRE

Dans le flot d'or de tes écharpes,
Esclave et déesse, tu cours ;
Les doigts qui caressent les harpes
Lorsque tu danses semblent lourds.

Sur les dalles où meurt la rose
Ton talon blanc qui paraît peint,
Ne redoute pas qu'on oppose
Le teint de la fleur à son teint.

Ta jambe agile on la devine
Dans les plis mouvants du tissu
Qui cache comme une eau marine
Un souple poisson inconnu.

La gravité de ton visage
Plus qu'un sourire est attirant
Et fait battre sur ton passage
Le cœur paresseux du tyran.

Mais tu ris du cœur qui s'élance
Pour te rejoindre dans les airs,
Car seuls t'atteignent, quand tu danses,
Les grands souffles purs du désert.

Armide attend Renaud dans un beau pavillon
Dont les toits sont ornés, aux angles, de clochettes.
Près d'elle des seigneurs cachent sous leurs manchettes
Des doigts si blancs qu'ils semblent lys au papillon.

Un danseur vêtu d'or et coiffé de rayons,
Traînant un long manteau ruisselant de paillettes,
Vient danser devant elle avec douze fillettes
Qui, comme vis-à-vis, ont douze négrillons.

Entre les ifs taillés, les jets d'eau retentissent ;
On entend, sans les voir, les bergers qui ratissent
Pour les pas de Renaud le sable du jardin.

Et le soleil d'été, trouant la persienne,
Allume quelques feux d'un éclat anodin
Aux perles en colliers de la Magicienne.

Dans LE SPECTRE DE LA ROSE

Sur le fauteuil, après le bal,
      Tu rêves, et la rose
Dont le parfum est virginal
      Au souvenir t'expose.

Voici la valse et le danseur,
      Les lustres, les toilettes,
Voici les battements du cœur
      Et l'espoir des conquêtes.

Voici le mot " Amour ", surpris
      Aux yeux plus qu'à la bouche,
Et tout ce qu'on n'a pas compris
      Mais qui pourtant vous touche.

Voici celui qui tient ta main,
      Qui dirige ta danse,
Et près duquel on veut en vain
      Cacher ce que l'on pense.

Voici le balcon noir, la nuit,
      Et le jet d'eau sur l'herbe ;
Le jeune homme qui te conduit
      Te dit : " Il est superbe ! "

Toi, tu réponds : " Ah ! que c'est vrai ! "
      Et ces deux pauvres phrases
Sur vos cœurs ont le même effet
      Que celles des extases.

Vous n'avez pas besoin de plus :
   Vous avez des royaumes,
Le diadème des élus,
   Les perles et les baumes.

Et la chambre bleue où tu dors
   Accueille avec la lune
Le fantôme de tes trésors :
   Tu reçois ta fortune !

Elle prend, pour te plaire mieux,
   Les traits d'un cher visage,
Le voici ! tendre, audacieux,
   Près de toi, tendre et sage.

Il joue ! il danse ! il te séduit,
   Et vous quittez la terre.
Parfois c'est lui qui te poursuit,
   Souriante Chimère !

Tu danses plus légèrement
   Encor que la vie ;
Et tu deviens pour un moment
   Ta propre allégorie.

Mais le Spectre, hélas ! disparaît
   Quand vient l'aube morose,
Et toi, tu baises ton secret
   Sur le cœur de ta Rose...

Dᴀɴꜱ JEUX

Revois-tu ses cheveux sombres et courts,
Ses poignets nus, sa souple taille prise
Dans un maillot de tricot blanc ? Surprise
Elle faisait de stériles détours.

Les flots d'une lumière froide et dure
Tombaient ici et là sur le gazon.
Comme dans le préau d'une prison
Elle courait au pied de la verdure.

Elle avait l'air d'un oiseau triste et las
Loin du soleil brillant, loin du ciel libre,
Qui rêve aux prestes jeux de l'équilibre
Sur la branche fragile d'un lilas ;

Qui rêve aux parfums croisés dans l'espace ;
Qui rêve aux reflets de l'azur sur l'eau,
Mais qui garde encore, au fond du préau,
Dans ses mornes jeux, sa flamme et sa grâce.

Elle courait silencieusement
Sans pouvoir voler, tenue à la terre,
Parmi les dessins précis du parterre,
Feignant le plaisir malgré le tourment.

Ainsi, loin des ondines et des fées,
Le cygne captif, sur l'étroit bassin,
Montrant son espoir, soulève sans fin
D'un effort vaincu, ses ailes coupées !

Echo, plaintive Echo, tu te penches sur l'onde
Qui cache pour toujours, incertaine et profonde,
Le merveilleux Narcisse auquel tu ne plus pas.
Lamentant sur ces bords son étrange trépas
Tu défais tristement ta lourde chevelure
Parmi laquelle on voit briller ta gorge pure
Qui ne sentit jamais le poids du front aimé.
Tu le revois, hélas! par lui seul animé,
Cherchant sur le miroir à baiser son image
Et s'offrant à lui-même un vaniteux hommage.
En vain tu lui tendais tes bras tièdes et doux;
En vain tu l'approchais : il t'écartait, jaloux
De voir près de la sienne, au sein de l'eau, ta face.
Toi, tu priais le Dieu des vents, pour qu'il efface
En ridant le ruisseau le reflet trop chéri.
Mais quand les vents soufflaient, ton Narcisse, saisi
Par la douleur et par la crainte, avec des larmes
Appelait son image et repoussait tes charmes.
Alors tu t'éloignais, Echo, vers ces grands bois
Où le lointain prenait la moitié de ta voix
Qui touche maintenant, triste sans être lasse,
Sur ces bords oubliés, le voyageur qui passe.

DANS L'OISEAU DE FEU

Voyez ses frémissantes ailes
Où le rubis et le saphir
Entrecroisent pour éblouir
Leurs fugitives étincelles !
L'arbre magique est presqu'éteint
Lorsque l'Oiseau de Feu l'atteint.
Il est si vif, et si rapide
Que le regard ne le suit plus
Quand, comme un éclair, il lapide
L'ombre de ses vols résolus !

Il court dans la ronde clairière
Parmi les enchantements
Et les pâles ruissellements
De la lune qui le révère.
Sa solitude le ravit.
Il plane et plonge sans répit.
Et dans les bois, qu'il ensorcèle
Par ses capricieux détours,
L'Oiseau de Feu rapproche et mêle
L'argent des nuits et l'or des jours !

DANS THAMAR

Avant d'aller danser, assise dans sa loge,
L'Etoile, gravement, se farde, et le miroir
Réfléchit un visage où l'on peut encor voir
Des traits doux, et des yeux où la grâce interroge.

Mais on donne *Thamar* ; et il faut avoir l'air
Cruel, sombre et fatal, avec un teint de fièvre.
Aussi le crayon rouge empourpre-t-il la lèvre
Tandis qu'un autre fard plombe et durcit la chair.

Un bleu couleur de nuit enfonce dans l'orbite
Le regard qui devient mauvais et ténébreux.
Le Kohl charge les cils, et, d'un trait noir, les deux
Sourcils sont rapprochés, pour un jeu hypocrite.

On cherche avec effroi, sous ce masque trompeur,
Celle qui, dans *le Spectre*, a la mine si tendre ;
Mais, pour la reconnaître, il suffit de l'entendre
Qui rit gaîment de voir que ses yeux ont fait peur.

Par l'hiatus des rideaux verts
Veux-tu paraître, Colombine ?
Ta robe, comme une aubépine,
Va fleurir ces décors déserts.

Nos cœurs ont bien assez souffert !
Je ne sais à qui tu destines
Ces belles lèvres libertines
Et ce tendre regard expert ;

Mais ce soir, que ton art suffise ;
Seule, la danse t'est permise ;
Ne nous séduis que par tes pas ;

N'allume point sous ta paupière
Cet œil qui conduit au trépas
La salle qui te considère.

Le nègre est mort. Son sang qui coule sur la dalle
    A l'éclat d'une fleur.
Tous, ils ont fui. Et l'on respire dans la salle
    Un lourd parfum d'horreur.

La sultane coupable, au pied de la colonne,
    Dirige vers son cœur
La pointe d'un poignard, d'une main qui frissonne
    Sans pourtant avoir peur.

C'est qu'avant de mourir, elle revoit ensemble
    L'amour de son seigneur
Et l'amour bestial du nègre, qui ressemble
    A un affreux bonheur.

Elle aimait le sultan beaucoup plus que l'esclave ;
    Et, moins que la ferveur,
Le plaisir sensuel qui corrompt et déprave
    Sous un air séducteur.

Mais au moment précis où le poignard la touche,
    Au moment qu'elle meurt,
Elle regrette autant, quand se crispe sa bouche,
    La honte que l'honneur.

Dans LES SYLPHIDES

Fille de la vapeur, ravissante Sylphide,
Tu hantes les forêts et leurs dormantes eaux.
Le saule est ton ami. Sous son feuillage humide
Tu rêves tout le jour sur un lit de roseaux.

Le baiser de la Nuit te réveille, et tu danses !
Les muguets, les lilas et les myosotis
Te jettent leurs parfums et te font des avances ;
Mais ton cœur est fermé comme un bouton de lis.

Dans les platanes noirs la colombe sauvage
Gonfle son tendre col et roucoule pour toi
Qui laisse froidement couler sur ton visage
L'argent que l'astre au ciel dispense comme un roi.

Le troubadour plaintif, amant de ces parages,
D'une main tient sa toque et de l'autre son luth
Et jure, avec l'ardeur qu'on avait dans ces âges,
Qu'il vendra, pour t'avoir, son âme à Belzébuth.

Mais sais-tu seulement qu'un troubadour existe ?
Tes pas silencieux caressent les marais ;
Et ce n'est point l'amour qui rend ton front si triste :
Tu voudrais que la nuit ne s'achevât jamais !

Dₐₙₛ SALOMÉ

Les six nègres avaient des gants blancs et des guêtres.
Ils portaient des chapeaux à houppes de duvet.
Autour d'Elle, ils faisaient des bonds hauts de deux mètres,
Pareils à des poulains excités par le fouet.
Outre cela, tous nus. Aussi beaux que bizarres.
Elle apparut d'abord très loin, dans un ciel bleu
Sur lequel étaient peints de grands signes barbares
Qui brillaient vaguement sous les reflets du feu.
Un immense manteau tombait de son épaule,
Portant sur un fond pâle un décor d'astres noirs ;
Et c'était le moment difficile du rôle
Que d'avancer, sous ce manteau, sans décevoir,
Car l'étoffe noyait les formes dans sa masse.
— Mais parvenue enfin au bas des escaliers,
Sur lesquels le manteau prenait toute la place,
Les nègres de ses pieds ôtèrent les souliers ;
Et, délivrée aussi du manteau, souple et blanche,
N'ayant qu'un corselet léger à fleurons d'or
Grâce auquel on voyait le dessin de la hanche,
Pour danser librement, Salomé prit l'essor !...

Mais on voyait toujours, sans qu'elle fît de pauses,
Entre ses bras levés aux gestes divergents,
Briller comme un oiseau sa tiare de roses
Que poursuivaient les bonds des six nègres ardents.

Elle est couleur de neige, elle est couleur de lis.
Elle a, comme Mercure, à chaque pied, une aile,
Et part, quand elle veut, pour rejoindre Cypris.
         Elle est couleur de neige.

Comme le givre en fleur son visage étincèle.
Les prés les moins heureux verdissent sous ses pas.
La profondeur de l'eau est bien moins pure qu'elle.
         Elle est couleur de lis.

La vois-tu ? Ses bras frais sont chargés de lilas,
Et la mésange chante au-dessus de sa tête.
Jamais ses jeunes yeux ne sont tristes ou las.
         Elle est couleur de neige.

Elle aime. Elle est aimée. Ah ! l'aube est une fête,
Et tout ce qui est beau n'est beau que par Daphnis !
Ses yeux éblouissants proclament leur conquête.
         Elle est couleur de lis.

Dans PÉTROUCHKA

Pétrouchka, dans sa chambre noire,
Tient son cœur dans ses gants de fil
Et veut chasser de sa mémoire
Un beau visage puéril.

Le Nègre, dans sa chambre rouge,
Adore la noix de coco ;
Il a très peur quand elle bouge
Et par ses cris émeut l'écho.

La Danseuse, entre ces deux chambres,
Court sans savoir où se poser,
Et, faisant des pointes, se cambre
Pour mieux atteindre le baiser.

Elle souffle dans sa trompette
Avec un air très conquérant
Sans admirer la pirouette
De Pétrouchka, son soupirant.

Le brutal et vigoureux Nègre
Lui plaît décidément bien plus
Que Pétrouchka, beaucoup trop maigre
Pour se permettre des abus.

Aussi, dans l'ombre des coulisses,
La Danseuse, sur les genoux
Du Nègre, goûte des délices
Dont l'autre pantin est jaloux.

Et, blessé par le cimeterre
D'un rival lâche et criminel,
Pétrouchka vient rouler par terre,
Pour mourir, un soir de Noël.

Mais la Danseuse frêle et blanche,
Poupée au cœur qui se repent,
Sur l'appareil qui tient sa hanche
A retrouvé sa place, et pend.

Car désormais, loin de la fête
Et du Nègre qui lui plaisait,
Elle pleurera sa trompette
Et l'aigre bruit qu'elle faisait.

☺ ☺ ☺

*IL faut qu'elle soit triste en même temps qu'heureuse
Et que ses yeux, allant plus vite que ses pas,
Semblent te voir toujours, Terre mystérieuse
Qu'elle sait bien, hélas ! qu'elle n'atteindra pas !*

*Il faut qu'elle conserve, au milieu de ses danses,
La pure gravité d'une jeune Eloa
Qui d'un vol sérieux traverse les distances
Parmi les astres d'or qu'un archange alluma.*

*Il faut que son sourire un peu tremblant ressemble
A ces rêves cachés qui n'osent plus fleurir
Dans un cœur fatigué de savourer ensemble
Le suave projet et l'amer souvenir.*

*Il faut que son pas vif et léger contredise
Le regard inquiet qu'elle jette sur nous,
Et que le chaste jeu de ses pieds nous conduise
Sans que nous le sachions, au divin rendez-vous :*

*Là nous attend, couvert de roses et de palmes,
Le spectre des amours que nous n'avons pas eus,
Tendant enfin vers nous ses mains fortes et calmes
Sur le seuil retrouvé des paradis perdus.*

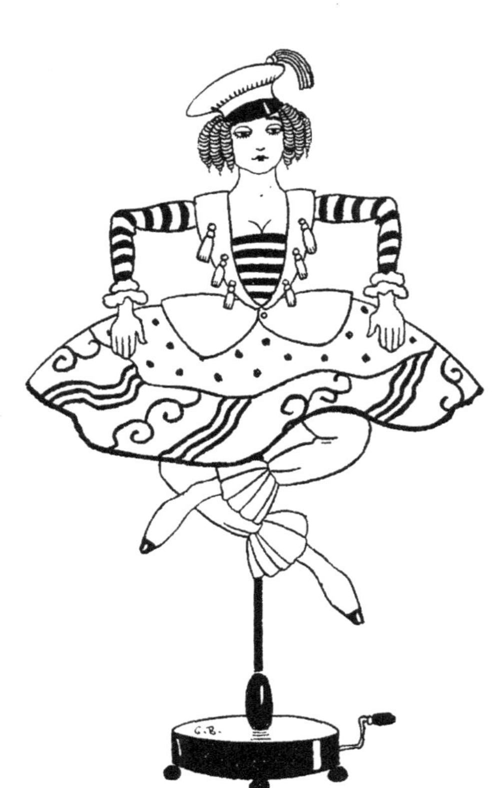

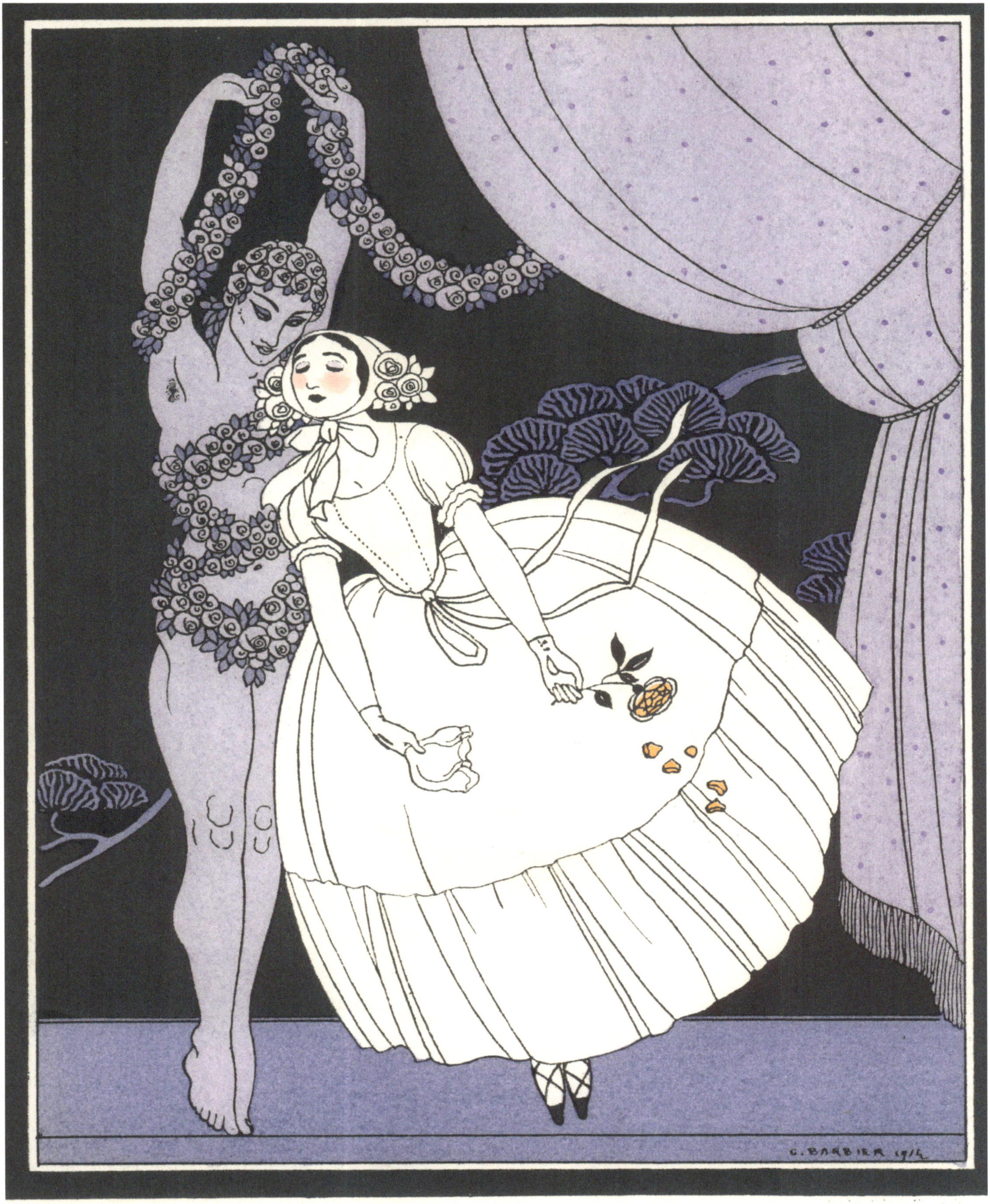

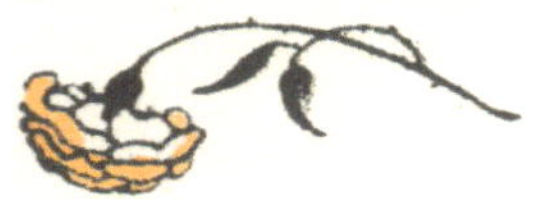

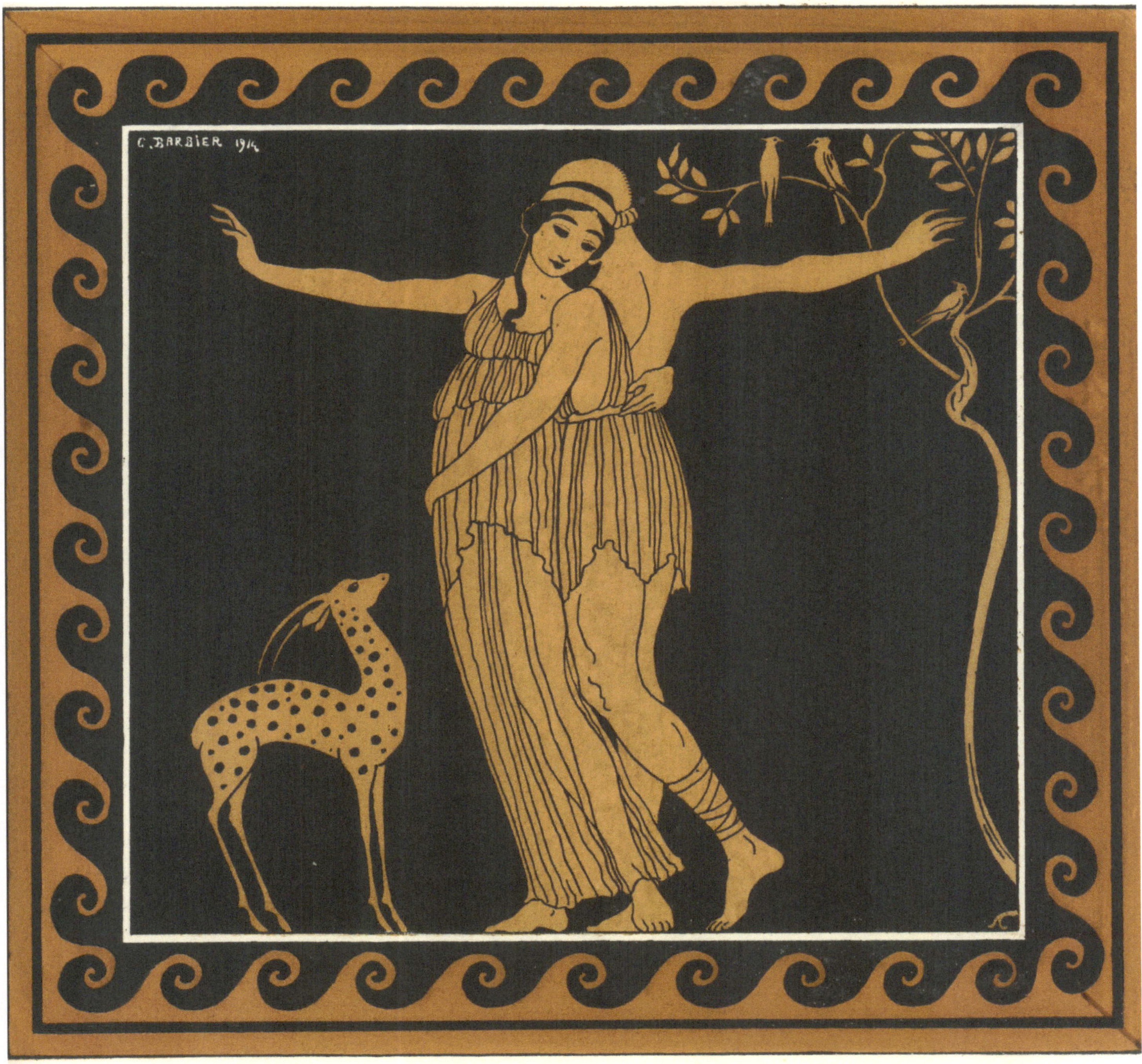

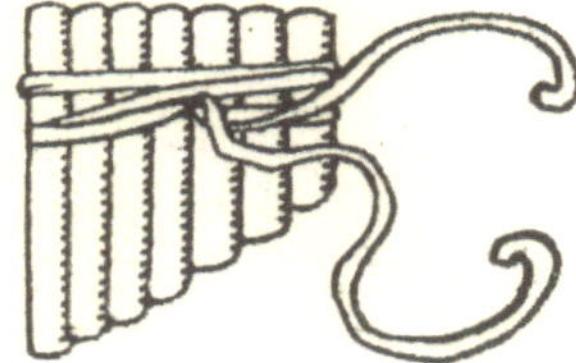

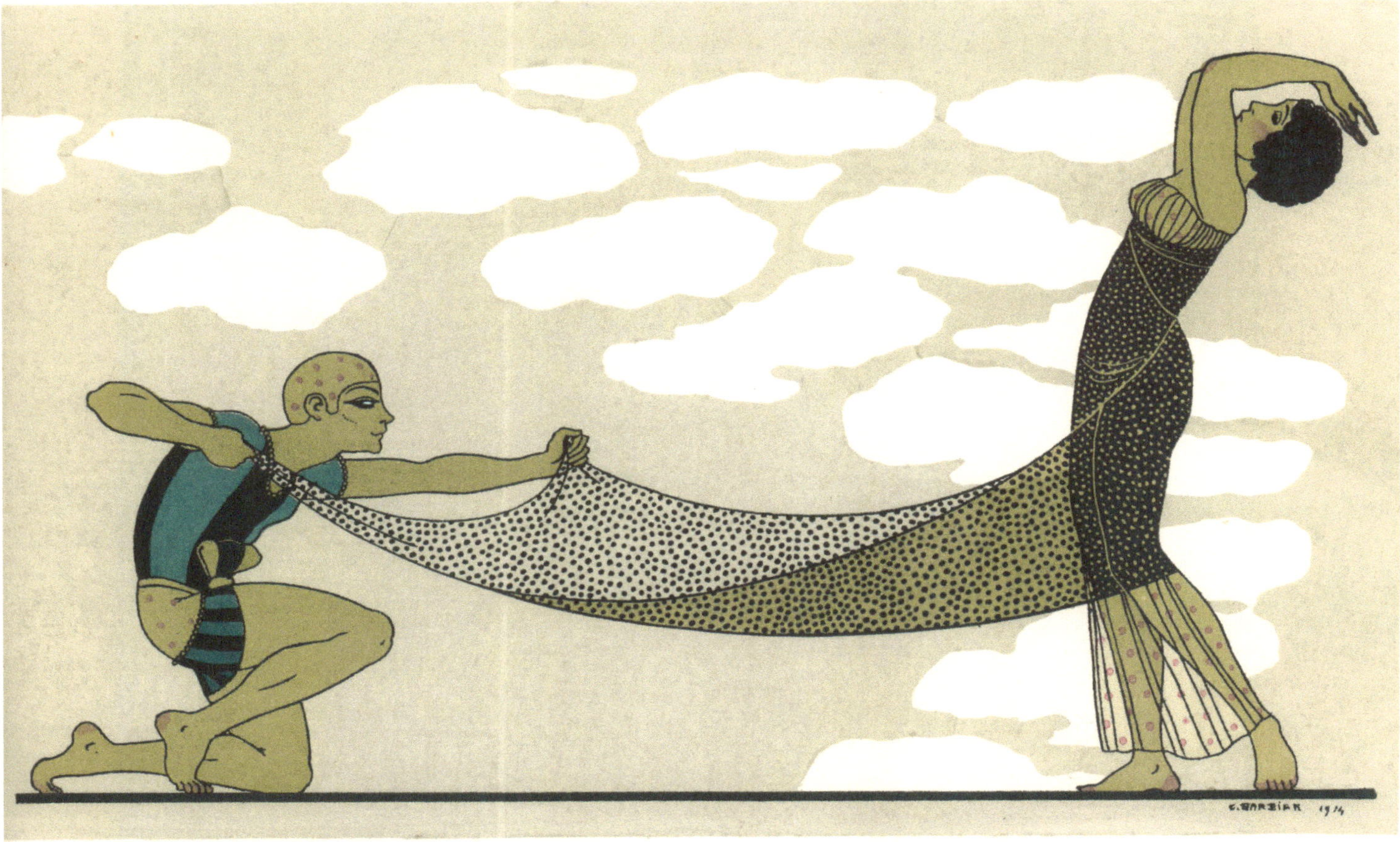

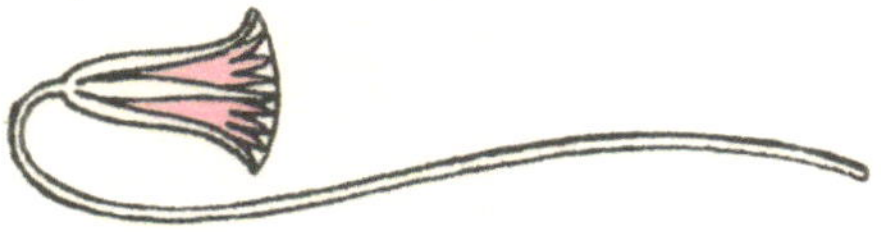

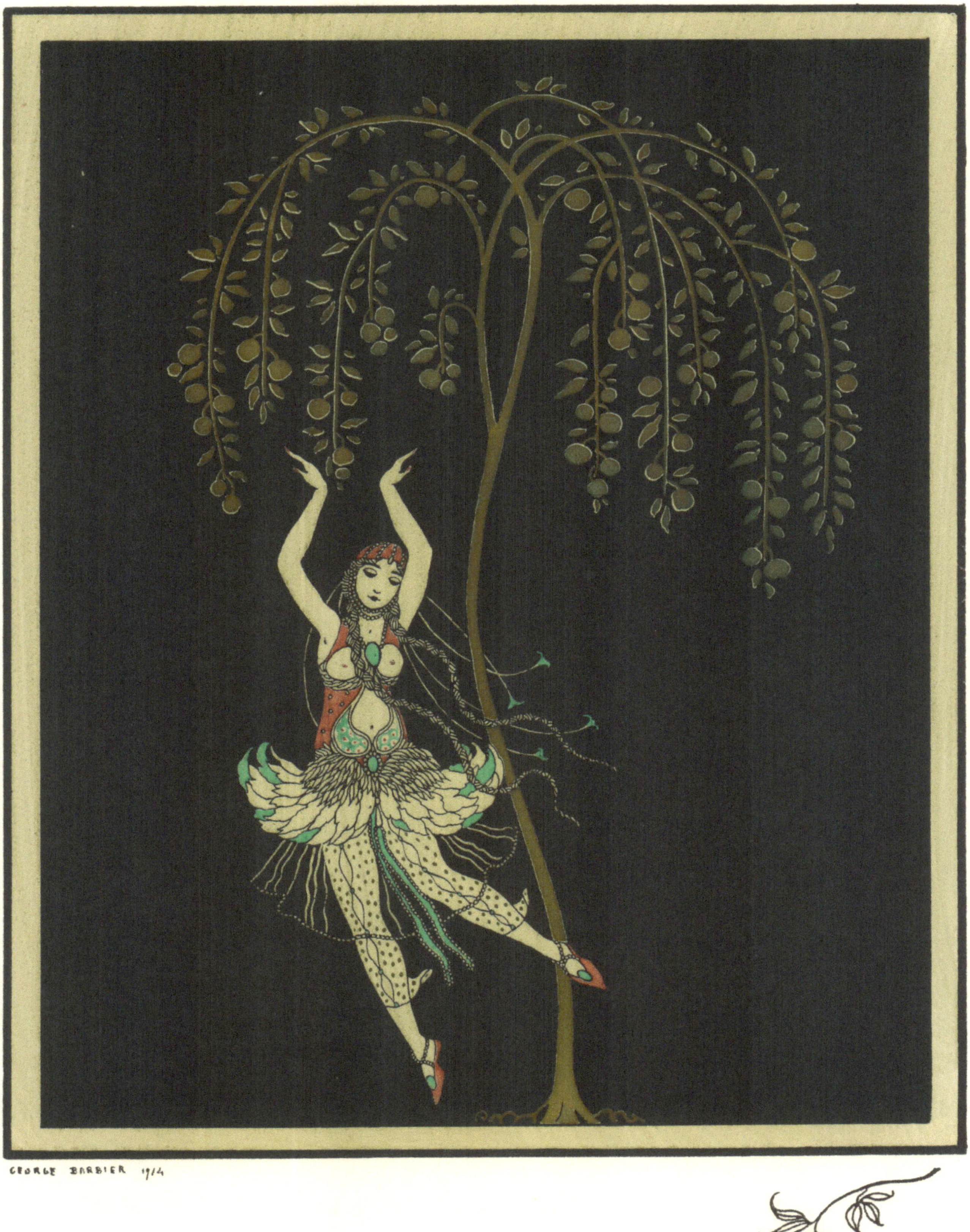

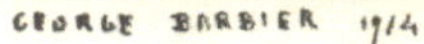

GEORGE BARBIER 1914

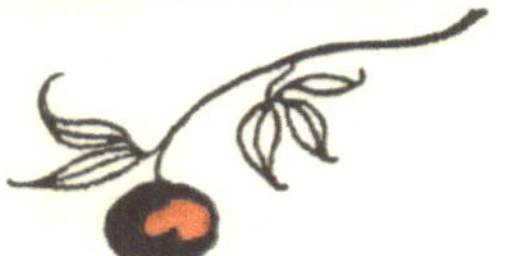

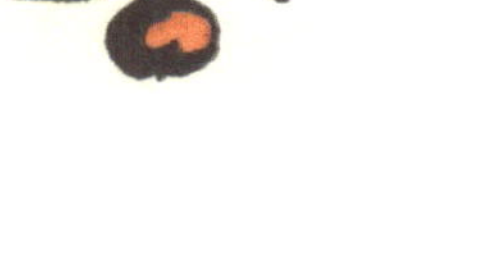

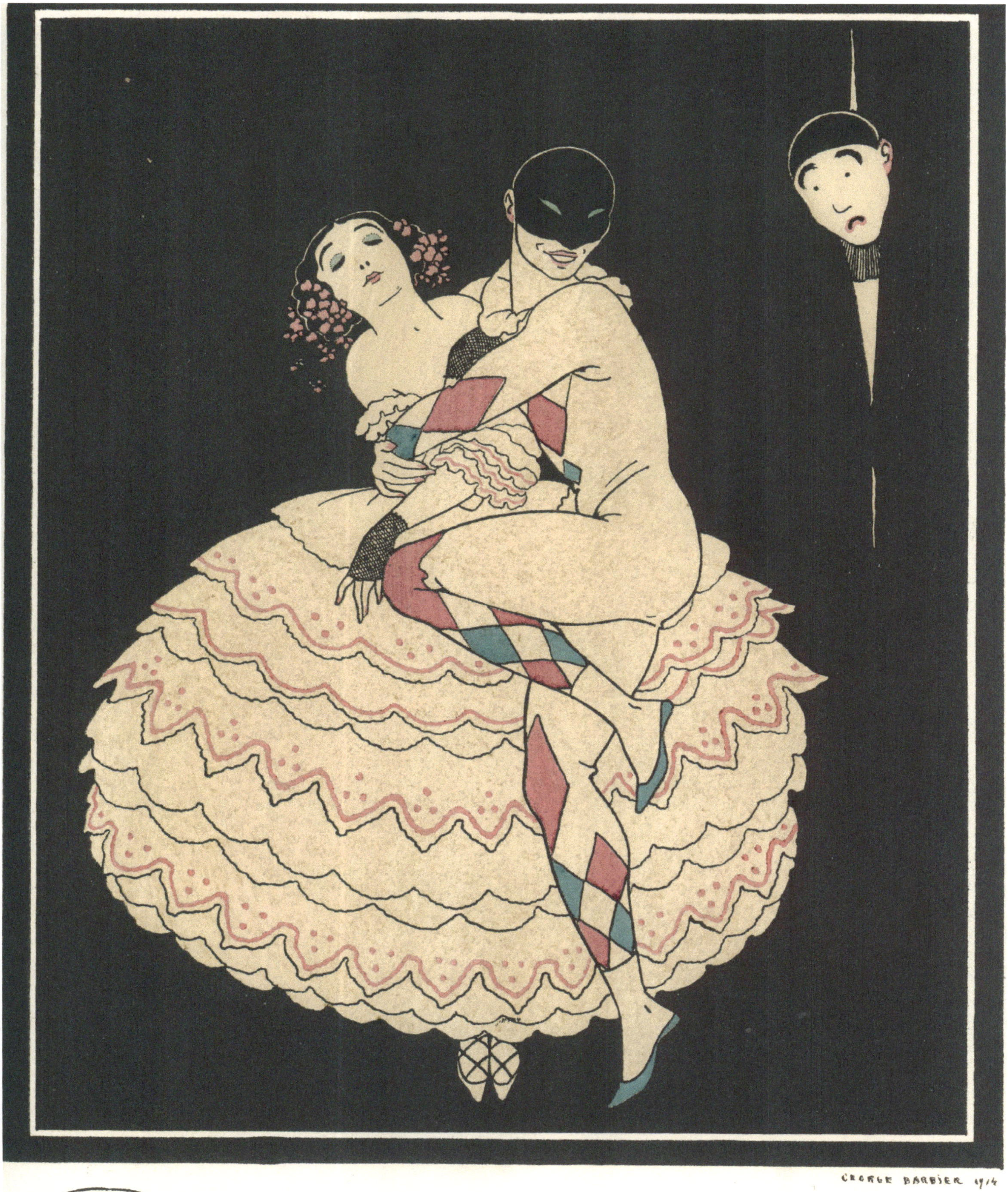

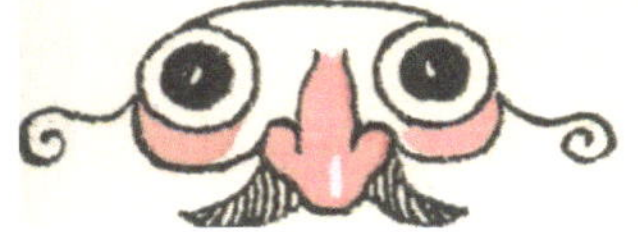

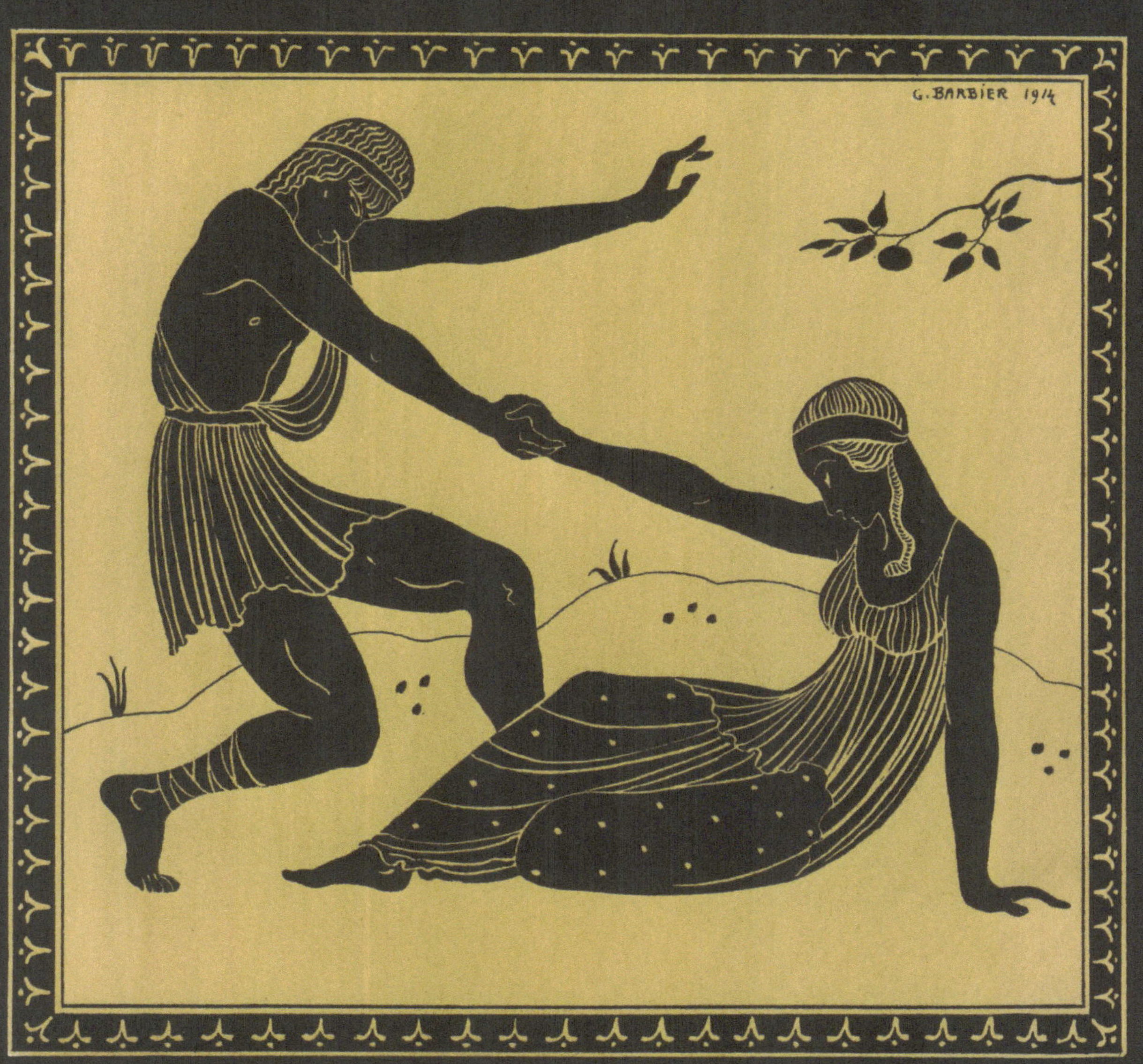

G. BARBIER 1914

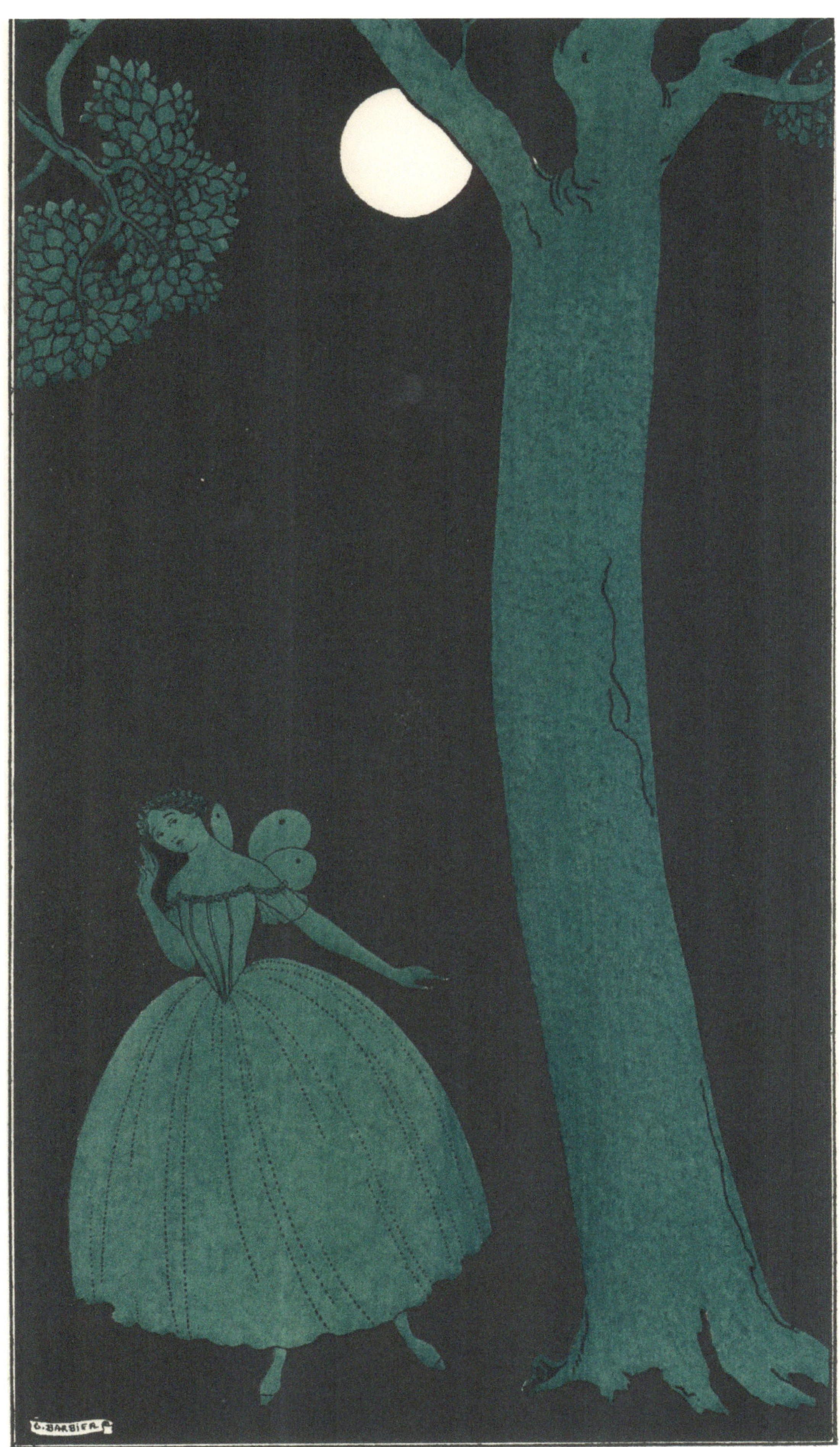
G.BARBIER

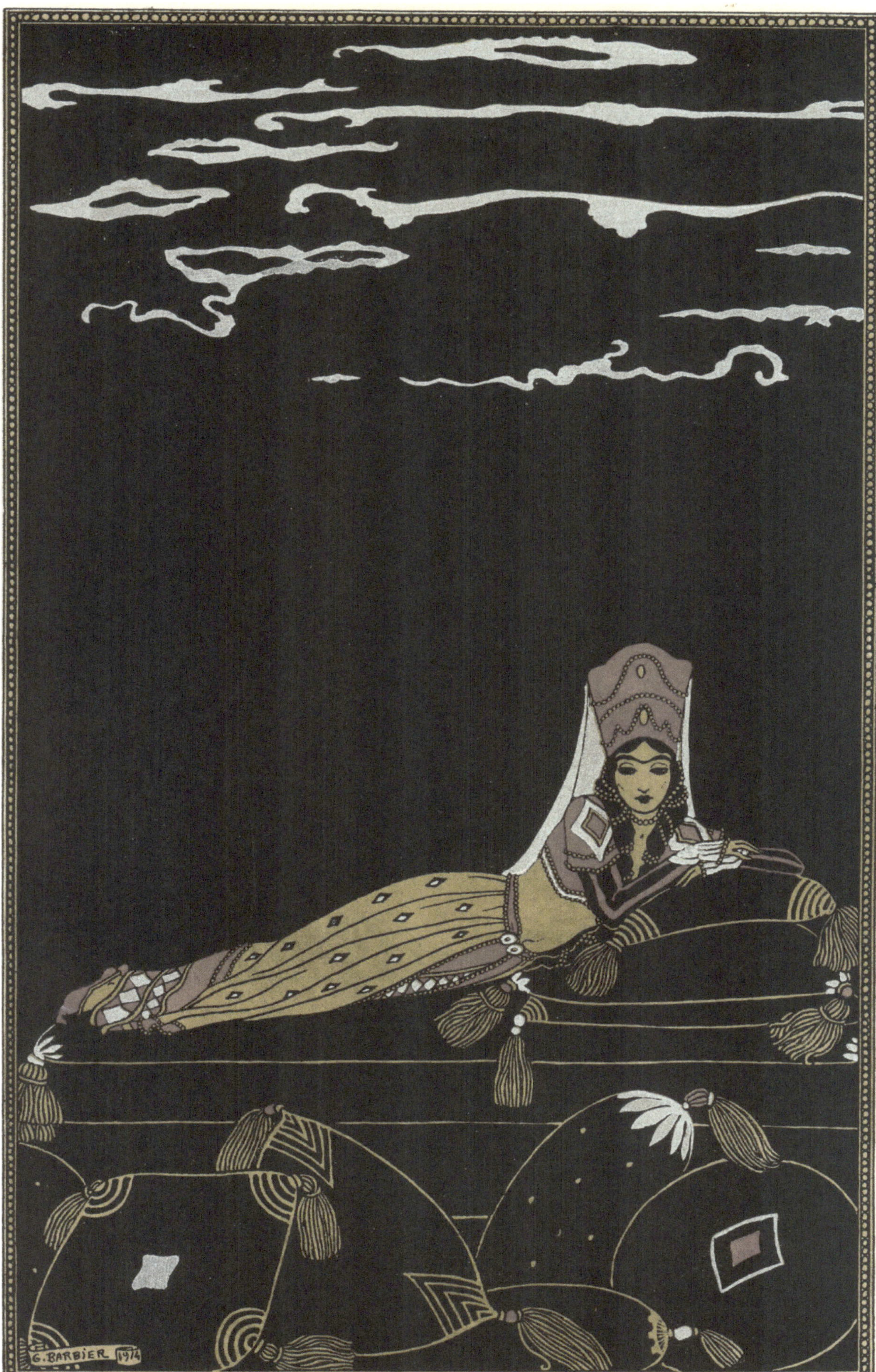

G. BARBIER 1914

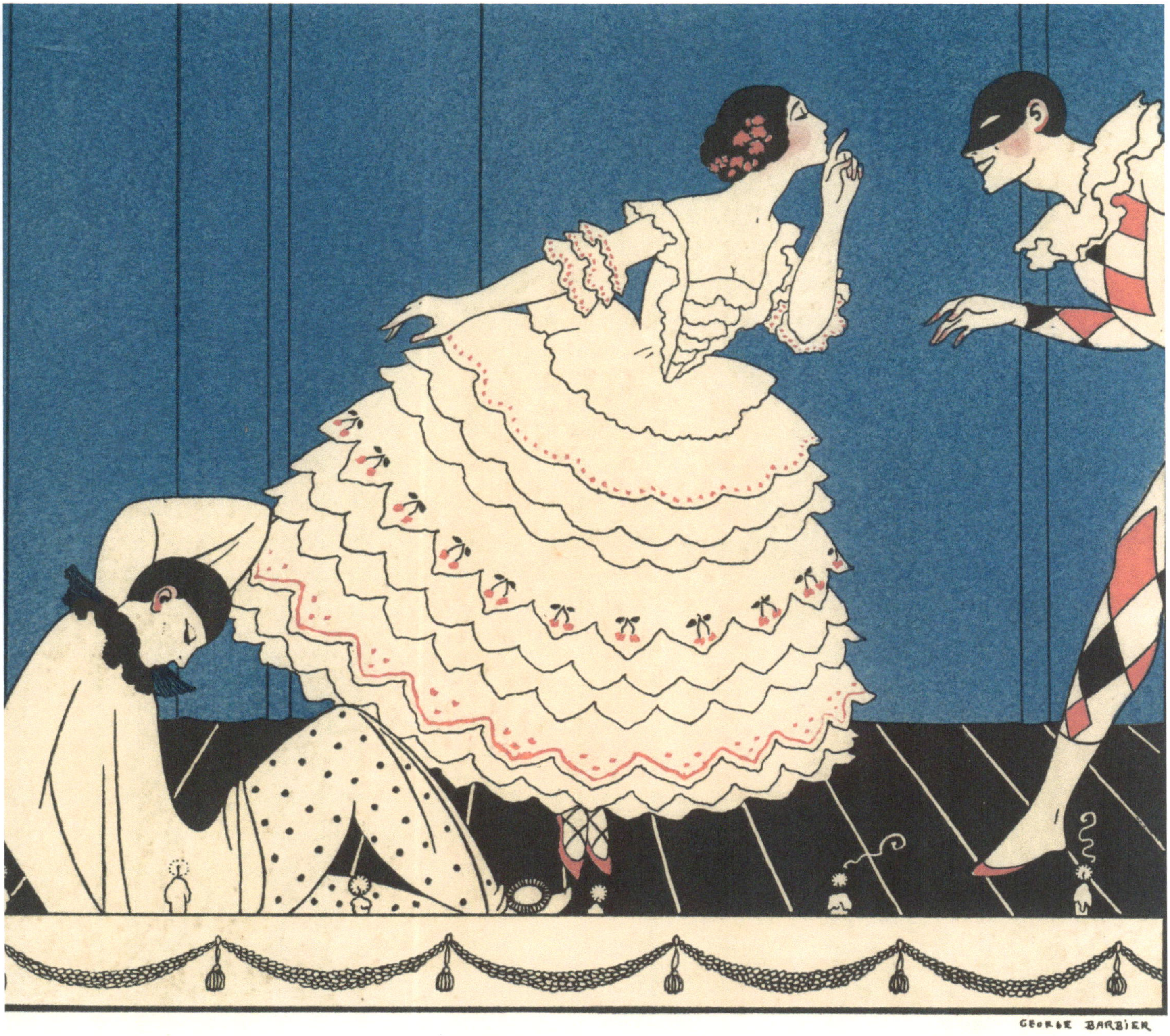

GEORGE BARBIER

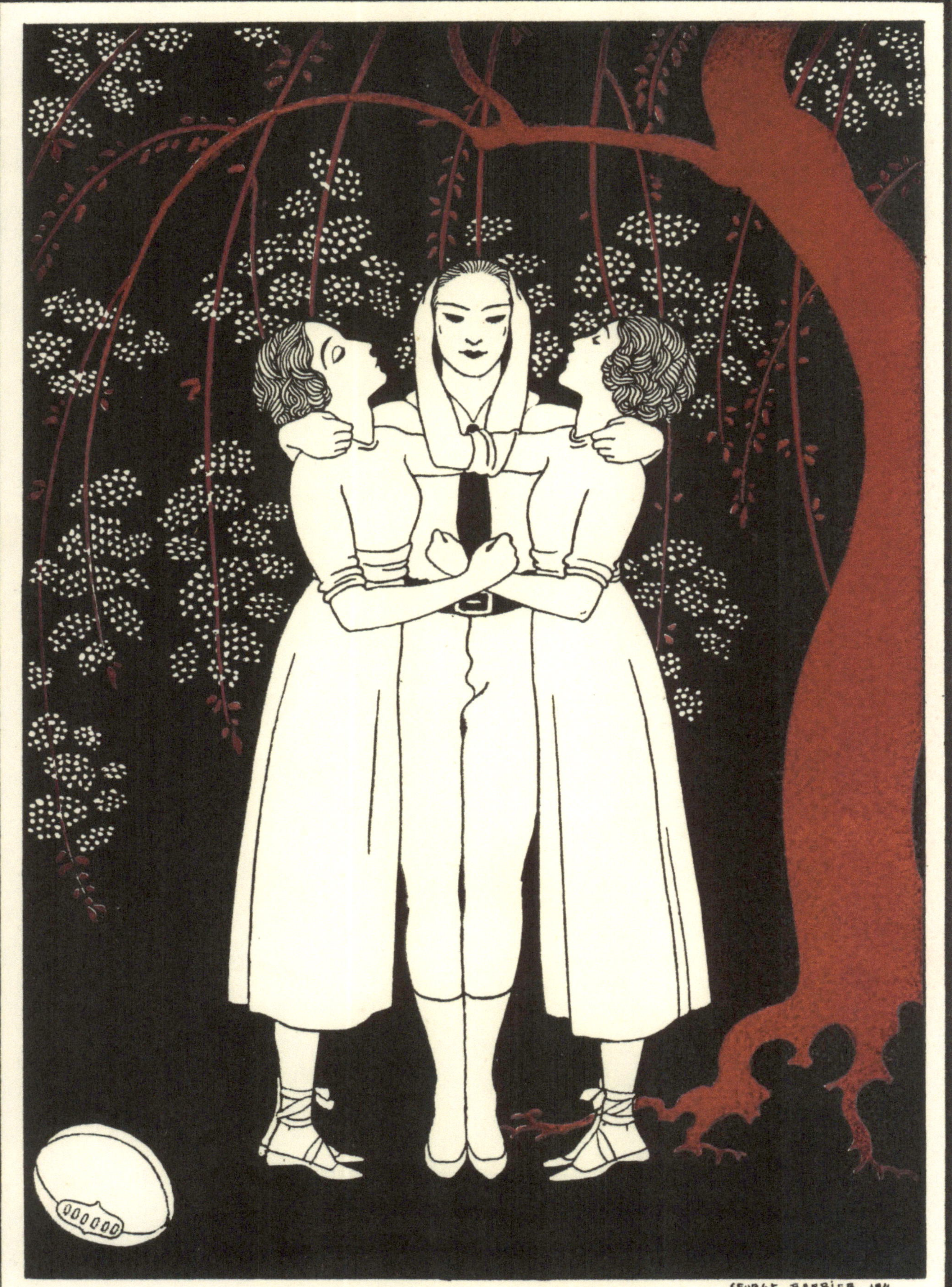
GEORGE BARBIER 194

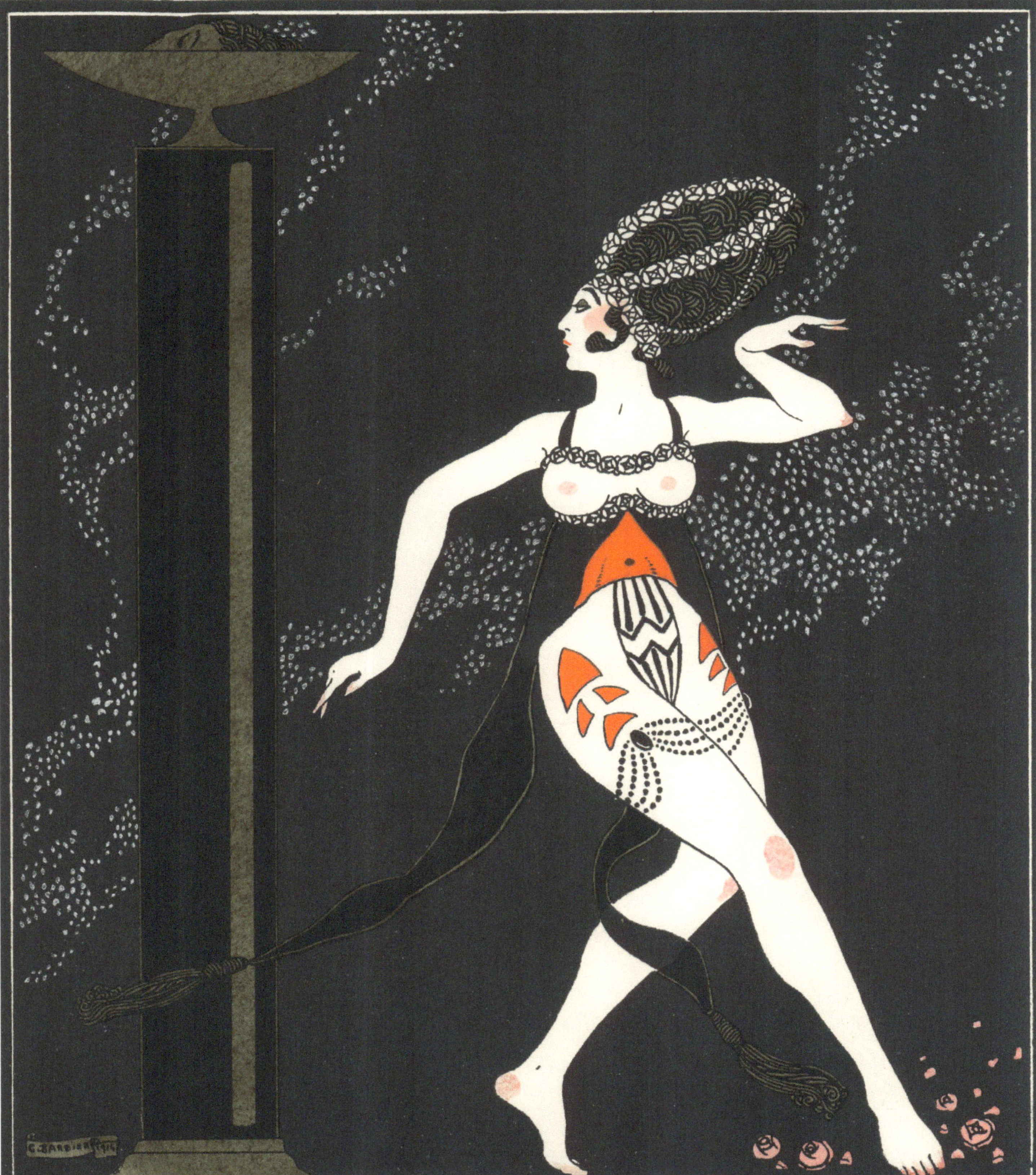

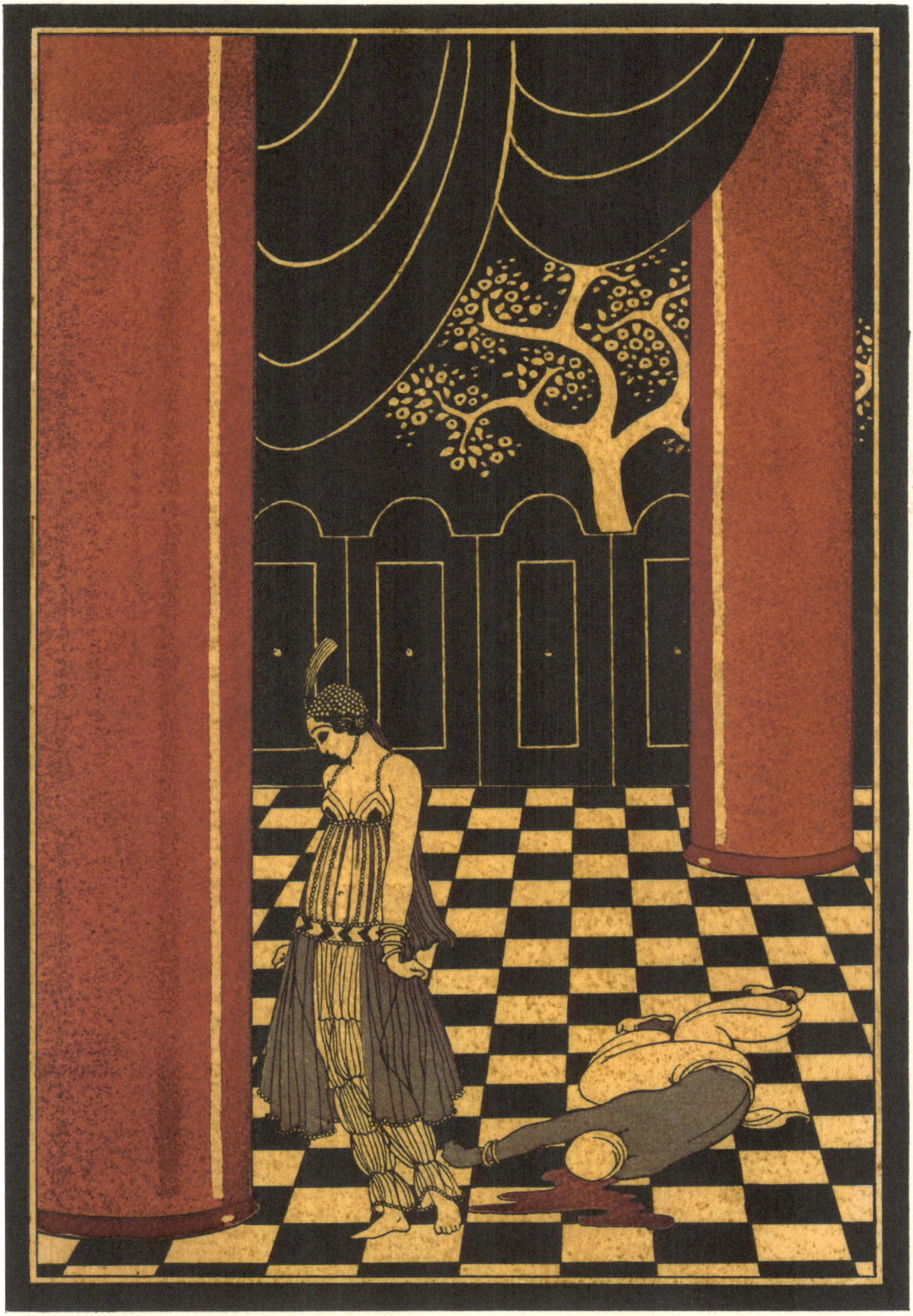

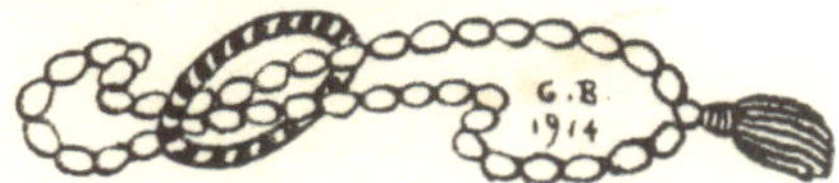

· ACHEVÉ D'IMPRIMER

LE DIX MAI MIL NEUF CENT QUATORZE

PAR G. KADAR

PARIS